COUP D'OEIL

SUR LA JOURNÉE DU 13 VENDÉMIAIRE ET SES SUITES.

A NEUCHASTEL

Juin 1796.

COUP D'OEIL SUR LA JOURNÉE DU 13 VENDÉMIAIRE ET SES SUITES.

Quanquam animus meminisse horret luctuque refugit incipiam. Eneid. lib. 2.

Il convenait à une assemblée élue dans le carnage, instalée sur les monceaux de victimes tombées sous le fer des *Septembriseurs*, dont le premier élan ne fut pas un mouvement d'indignation & d'horreur, dont le premier mot ne fut pas un désaveu formel de cette horrible boucherie, dont le premier décret ne fut pas une loi qui livrât au glaive de la justice les monstres qui l'avaient ordonnée & les vils instrumens qui l'avaient exécutée, de terminer sa carrière, commencée sous de si funestes présages, fournie à travers tant de déprédations, de calamités, de crimes, de dévastations & de meurtres, par le plus noir attentat qu'on ait jamais formé contre la liberté des élections, & par la plus violente usurpation de la Puissance suprême. Telle a été la destinée qu'a remplie, à la honte, à la ruine de la France & à l'étonnement de l'Europe, cette réunion de Tigres, sous le nom de Convention nationale, qui naquit, vécut & finit dans le sang.

Les trop fameux décrets des 5 & 13 Fructidor étaient dignes de compléter & de couronner l'œuvre de sa législation, en infectant la nouvelle Législature des deux tiers de ses Membres, en vertu de la bruyante sanction des canons exterminateurs, au défaut de l'adhésion libre & volontaire du Peuple.

Comme elle avait plié tous les esprits à la crainte, à la terreur & à la plus aveugle obéissance, pendant les trois années de sa Puissance illimitée & oppressive, elle crut d'abord qu'il lui suffirait d'employer la ruse, la séduction & la menace, pour tromper les uns & intimider les autres, sur les conséquences dangereuses de ces deux décrets; elle les accola dans cette intention au Plan de constitution sur laquelle elle interdisait toute discussion, & qu'elle n'offrait qu'à une acceptation pure & simple, afin que l'ignorance, la légéreté, la crainte & la lâcheté les confondissent avec la Constitution même, qu'elle savait bien devoir être reçue sans examen & avec empressement par un peuple trop long temps trompé & tyrannisé, fatigué de l'anarchie; & à qui le défaut absolu de gouvernement & le besoin d'en avoir un devaient faire trouver tout bon. Elle se garda bien de les distinguer des articles constitutionnels, de les en détacher & de les soumettre, par un décret exprès & particulier, à la sanction des Assemblées primaires, pour être l'objet d'une discussion différente & d'un consentement distinct & séparé : la conscience de ses crimes lui inspirait trop de défiance, pour espérer d'atteindre, par une marche aussi droite & aussi ouverte, le but qu'elle se proposait. Comme les grandes Cités ne pouvaient être prises à ce piège grossier, & que l'explosion de l'indignation publique qu'elle avoit encourue, pouvait y avoir lieu avec plus de force & d'energie, elle les fit environner de troupes. Paris, Lyon, Marseille, Rouen, Toulouse & plusieurs autres délibérèrent au milieu des bayonnettes & sous les yeux d'un Représentant en mission, chargé de recourir à la force, si l'intrigue, les menaces & la corruption ne pouvaient obtenir le consentement qu'on desirait. Ce n'est pas tout encore, tous les buveurs de sang qu'elle avait fait jeter dans les fers, dès que leur infâme ministère avait cessé de lui être utile, furent par-tout remis en liberté & vomis dans toutes les Assemblées primaires, où elle espérait qu'ils seraient favorables à l'adoption de deux décrets, qui, en assurant son impunité, assuraient en même-temps la leur. Enfin contre la lettre & l'esprit de cette constitution qu'elle venait de faire, qui déclare comme article fondamental & inviolable, *que l'armée est essentiellement un corps obéissant, qui ne peut délibérer dans aucun cas*, elle décréta que le projet de constitution ornée de ses deux décrets chéris, serait présenté à l'acceptation des troupes, afin que, si les Assemblées primaires venaient à les rejetter, malgré toutes ces précautions, elle pût mettre le peuple aux prises avec l'armée, & faire naître, dans son désespoir, une guerre civile, dont on ne peut supporter de sang froid, l'épouvantable idée, & qui malgré toute l'horreur qu'elle devait lui inspirer, lui paroissoit encore préférable à la nécessité d'abandonner son autorité; semblable à ces tyrans

affreux qui déshonorèrent le trône des Césars; qu
briguaient le suffrage des légions, quand ils craignaien
d'avoir contre eux le suffrage du Sénat & du Peupl
romain. Ainsi artifice, perfidie, menace, corruption
pillage, carnage, conflagration générale, rien ne lu
coûtait pour parvenir à ses fins & retenir le pouvo
qui échapait de ses mains chargées de rapines &
dégoûtantes de sang.

Cependant des Citoyens zélés, dont la tyrann
avait plutôt indigné & révolté, qu'abaissé & avi
le courage, ne craignirent pas de démasquer
perfidie, & de déchirer le voile qui couvrait l'am
bition, l'insatiable avidité, & sur-tout le besoin d
l'impunité. Des écrits, des discours pleins de for
& d'énergie éclairèrent tous les esprits, relevère
tous les cœurs abattus & façonnés au joug, & électr
sèrent toutes les ames. Un cri d'indignation & d
répulsion retentit d'un bout de la France à l'autr
malgré toutes les précautions prises pour l'étouffe
l'empêcher de percer & de se communiquer: l
deux Décrets furent frapés d'une improbation gén
rale & unanime dans toutes les assemblées, où
crainte, la lâcheté, la corruption & la force
purent empêcher qu'ils fussent mis en question.

La Convention nationale voyait donc toutes s
ruses éventées, toutes ses manœuvres déjouées, s
largesses inutiles, & l'indignation publique forteme
prononcée contre Elle & ses deux Décrets; elle
se déconcerta pas, &, décidée à préférer tout moy
quelqu'il fût à l'abandon du pouvoir, elle eut reco
à un expédient qui ne pouvoit être mis en œuv

que par ceux qui n'ont plus rien à ménager, qui ont abjuré toute pudeur, & dont le front familiarisé avec le crime ne sait plus rougir. Sans attendre que toutes les Assemblées primaires lui eussent envoyé le résultat de leurs délibérations; que la majorité bien constatée de la nation eût donné ou refusé son consentement aux deux décrets; &, rejettant le vœu de celles qui les avaient improuvés par une acclamation unanime & spontannée; quoiqu'elle n'eût rendu aucune loi qui non-seulement, fixât la manière de les mettre aux voix, mais qui invitât même à les discuter, elle déclara qu'ils étaient acceptés par la majorité du Peuple, d'après un rapport, dont la mauvaise foi & les erreurs étaient si mal déguisées qu'il prouvait au contraire que le plus grand nombre les avait rejettés. (1) Envain plusieurs de ses membres indignés voulurent s'opposer à cette scandaleuse

(1) La Convention avait promis & décrété de faire imprimer les pièces justificatives du rapport de son comité, c'est-à-dire la liste des Assemblées primaires avec leur nombre de votans, qui avaient accepté ou rejetté les deux Décrets : c'était le meilleur moyen de fermer la bouche à tous ceux qui n'y croyaient pas. Elle n'a cependant pas tenu parole, quoique son honneur y fût tant interessé : mais après avoir vérifié moi-même dans l'assemblée électorale dont j'étais membre, que les trois quarts des Assemblées primaires de mon département avaient voté contre la réélection, que l'autre quart n'en avait pas parlé, à l'exception d'une vingtaine qui l'avait adoptée, je n'ai plus été étonné de son silence & de sa discrétion. Je ne doute pas que pareille vérification n'ait été faite dans tous les Corps électoraux, & qu'on n'ait recueilli, à peu de chose près, le même résultat par-tout.

décision, combattre & confondre le rapporteur déhonté, leur voix fut couverte & étouffée par des hurlements épouvantables.

Tout Paris se soulève à cet excès d'audace & d'effronterie, proteste contre une perfidie aussi noire que grossière; il ne reste plus de doute à personne qu'un grand attentat se trame contre la liberté publique.

Alors la Convention nationale enhardie & encouragée dans le crime par trois années de succès & de triomphe, ne garde plus aucune mesure; elle rappelle ses anciennes fureurs & médite de nouveaux massacres, pour obtenir par violence ce qu'elle n'a pu enlever par supercherie : elle crie au royalisme, à la contre-révolution, à la Chouanerie (2) contre ceux qui

---

(2) Si les sections de Paris avaient été dirigées & influencées par les Chouans en Vendémiaire, comme on s'est tant plu à le leur reprocher, il n'est pas douteux qu'on les aurait excitées à aller briser les fers de *Cormatin* & des autres chefs de Chouans, qui étaient, à cette époque, dans les prisons de la capitale, pour les mettre à la tête de leur force armée; rien n'était plus simple, plus naturel : mais comme il ne s'est point fait le moindre mouvement en leur faveur, & qu'on n'a pas même songé à eux, il en résulte, à tous les yeux non prévenus, que les Sections ont été faussement accusées d'intelligence avec les Chouans. On a prétendu avec autant de raison encore que le mouvement de Vendémiaire, était concerté avec les émigrés; on a voulu justifier cette calomnie par la correspondance saisie chez *le Maître*, qui la dément d'un bout à l'autre. Comme elle à été imprimée, & qu'elle est dans les mains de tout le monde, il est inutile d'en faire ici l'analyse; mais certes jamais on ne réussira à faire croire que ceux-là jouaient le principale rôle dans les sections

venaient d'accepter une constitution républicaine, & qui s'opposaient à sa violation, comme elle avait crié au fédéralisme le 31 Mai, contre ceux qui venaient de reconnaitre & de consacrer l'indivisibilité de la République. Tous les suppôts de la tyrannie, tous les valets de *Roberspierre*, tous les brigands déjà dé-

---

de Paris, en Vendémiaire, qui à cette époque même demandaient à *le Maitre*, leur correspondant : » Dans quel sens allaient les sections ? qui ne connoissaient pas les sentimens des *la Harpe*, des *Serisi*, des *Lacretelle*; qui ne voulaient pas communiquer avec eux, sans avoir leur profession de foi par écrit, & qui en un mot chargaient *le Maitre* de les sonder, pour savoir si l'on pouvoit se confier à eux, & leur faire écrire de Véronne «. On y voit de plus qu'un des émissaires de ce *le Maitre*, envoyé à Magny, lui mande :

» Qu'il se met inutilement en quête, qu'il ne trouve rien qui soit bon, qui marche dans son sens; qu'il ne peut rien découvrir de Dreux, de Rouen; que toutes ses démarches sont infructueuses, qu'on ne veut pas s'aboucher avec lui «. On voit ce même émissaire, blâmer ensuite les sections de Paris, regarder leur mouvement du 13 comme une échauffourée, comme une *fourvoisie* où tout étoit décousu, & finir par avouer qu'il n'a jamais compté sur les Parisiens. Mais qu'est-il besoin de repousser cette absurde inculpation, quand tout démontre & tout dépose que l'indignation & la démarche des Sections de Paris, dans la journée du 13 ont été provoquées par l'infidélité du rapport du comité chargé de constater la majorité nationale sur les décrets de réélection, par le décret qui l'a suivi sans discussion, par le blocus de quelques sections & le réarmement des terroristes; & que les sections dans leur soulèvement, n'avaient d'autre but que d'assurer la liberté des élections & d'empêcher les buveurs de sang de trâmer de nouveaux complots.

chaînés, sont réarmés sous les yeux de leurs victimes, & carressés par ceux-mêmes qu'ils avaient voulu assassiner en Prairial : des troupes sont introduites au milieu de la ville avec tout l'appareil militaire; des batteries formidables de canons sont dressées contre le peuple de Paris, qui discutait ses droits dans des assemblées légales, avec la chaleur inséparable de l'amour de la liberté, si inflammable dans le danger; des sections sont bloquées pour les provoquer au combat; le général qui commande la force armée, perce ce mystère d'horreur, s'indigne du rôle infâme auquel on le destine & donne sa démission; le peuple inquiet s'arme dans le tumulte & se porte en masse à l'assemblée pour lui démander raison de tant de préparatifs ménaçants : on lui promet justice & satisfaction, & au moment où il allait se retirer paisiblement, (3) *Barras*, répréfentant du peuple, *Barras* moins délicat que *Menou* donne le signal du carnage; des Législateurs transformés en canonniers, portent la mêche enflammée à la lumière du canon; l'airain raisonne, la foudre éclate, des milliers de citoyens sont exterminés sans distinction d'âge ni de sexe, Paris est innondé de sang & jonché de cadavres.

Pour combler la mesure de cette horrible attentat, c'est dans la confusion d'une ville foudroyée, de ses habitants mitraillés; c'est au milieu des cris des mourants, des gémissements des veuves & des orphelins, de la consternation d'un peuple immense

(3) Voyez notice sur le 13 Vendemiaire, ou les Parisiens vangés par A. *d'Anican*, commendant les Sections de Paris. Pages 21, 22 & suivantes.

égorgé par l'ordre de ſes repréſentants, ſans plan d'attaque & ſans moyen de défenſe ; c'eſt au milieu de la joie féroce, brutale & inſolente d'une ſoldateſque ivre, ſéduite & effrénée ; des vociférations des Jacobins reſpirant la vengeance & nageant dans le ſang, que la convention nationale, aux bruyans applaudiſſements de la grande majorité de ſes membres, énivrés de cette atroce victoire, & des cannibales qui rempliſſent ſes tribunes, déclare avec la plus impudente dériſion que la volonté du peuple ſouverain vient de ſe prononcer d'une manière auſſi certaine que ſolemnelle en faveur des décrets des 5 & 13 fructidor, & qu'elle enjoint à tous les corps électoraux de s'y conformer, ſous peine de rébellion, quoique porteurs d'inſtructions formellement oppoſées à cette déciſion canonnière

Ainſi non loin du lieu où la convention nationale elle-même a fait marquer en gros caractères, pour être à jamais la honte & la terreur des tyrans, la fenêtre d'où l'imbécile Charles IX tirait avec une carabine ſur ſes ſujets proteſtants, dans l'exécrable journée de la St-Barthelmy, ſur ſes ſujets qu'on avait dépeints à ſon inexpérience & à ſon caractère farouche, comme les ennemis les plus acharnés de ſon trône & de ſon autorité, un jour viendra ſans doute qu'une inſcription ſemblable apprendra à la poſtérité indignée l'endroit d'où cette même convention a fait dreſſer des batteries de canon & tirer à mitraille ſur le peuple qui l'avait déléguée, & qui las de ſa tyrannie & uſant des droits les plus légitimes, voulait la remplacer par un choix d'hommes plus dignes de ſa confiance, à l'époque de l'expiration de ſes pouvoirs.

Les vainqueurs ne ſont ordinairement cruels que dans le combat ; la victoire les rappelle à la douceur & à la générosité. Charles VII, Henri IV entrèrent triomphants dans Paris révolté & pardonnèrent, aucune vengeance n'enſenglanta leurs lauriers. Il en eſt autrement du crime heureux ; le ſuccès redouble ſon audace & le pouſſe à de nouvelles fureurs. Toute la garde nationale pariſienne, ce palladium de la liberté, eſt indignement baffouée & honteuſement déſarmée ; le ſanctuaire des aſſemblées primaires eſt impudemment violé & profané ; des mains ſacrilèges s'emparent de leurs regiſtres, de ce dépôt ſacré des délibérations d'un peuple libre & ſouverain, pour dreſſer des actes d'accuſations contre tous ceux qui ont librement émis leur vœu, & qui n'ont pas été favorables à la réélection ; des milliers de citoyens ſont arrachés de leurs domiciles, des bras de leurs épouſes, de leurs enfans déſolés & entaſſés dans des priſons inabordables ; d'autres échappent par la fuite, à une mort certaine, & vont dans les bois & les cavernes partager l'azile des bêtes féroces qu'ils redoutent moins que leurs tyrans. Tous les préſidents & ſecrétaires des Section, inſtruments paſſifs de leurs aſſemblées, par la nature même de leurs fonctions, ſont traduits comme des conſpirateurs devant des commiſſions militaires, qui pendant l'eſpace d'un mois offrirent le ſpectacle épouvantable d'un tribunal d'aſſaſſins, jugeant froidement à mort ceux qu'ils n'avaient pu maſſacrer dans la chaleur de l'action.... Des conſpirateurs, Grands Dieux ! dans un pays qu'on dit être libre, où l'on professe comme un dogme sacré la souveraineté & l'inviolabilité du peuple, de ceux qui ont présidé les assemblées, qui ont rédigé ses délibérations, & qui les ont légalisées par leurs signatures ! un peuple a-t-il jamais pu conspirer contre lui-même ? Qu'est donc le représentant là où est le représenté ? Et s'ils sont simultanément assemblées où sont les vrais conspirateurs quand ils ne sont pas d'accord ? Mais que peuvent les principes contre les bayonettes & les canons ? En tout temps & en tout lieu, libre ou esclave, il a été dangereux d'avoir raison contre les hommes armés du pouvoir & qui ont tort. *Il bastour il re del mondo.*

Comme on devient souple & lâche à proportion que ceux qui gouvernent sont durs, entreprenants & cruels, la terreur succède bientôt dans Paris aux bruits des armes & aux cris de la liberté mourante; elle se communique comme l'éclair dans tous les départemens; tous les électeurs, dans une stupide consternation, voyent enlever de leur sein tous ceux de leurs collègues qui ont attaqué avec plus de vigueur les décrets de la réélection, & n'osent réclamer contre cet attentat qui les dégrade, les humilie, & qui prive des portions considérables du peuple de leur suffrage dans la formation du Corps législatif. Réduits à gémir inutilement sur le malheur de leur patrie, sans force & sans moyens de résistance, espérant un temps meilleur, encore étourdis du bruit du canon & épouvantés de ses ravages, ils étouffent le cri de leur conscience, déchirent leurs instructions, & s'arment tous de la liste fatale des membres de la convention : cent fois ils la parcourent, en la feuilletant & refeuilletant sans cesse, pour pouvoir enfin arrêter & fixer leur choix sur les plus insignifiants & sur le petit nombre de ceux que la voix publique distinguait des coupables, avec le dégoût qu'on éprouve à remuer un fumier, pour en extraire ce qui a échappé à la pourriture, & ce qu'elle n'a pas encore entièrement consommé: persuadés que c'est le parti le moins préjudiciable à l'intérêt public qu'ils peuvent prendre dans les circonstances pénibles & forcées où ils se trouvent, sur-tout en prenant soin de leur adjoindre en tiers ce qu'ils connoissent de plus recommendable par le patriotisme, la probité, le talent & le courage. C'était à la vérité le seul bien qu'ils pussent faire dans cette triste situation, & l'on doit leur savoir d'autant plus de gré d'avoir surmonté en cette occasion leur répugnance, que s'ils ne l'avaient pas fait, tout était perdu sans ressource. *Talien*, au nom de l'infernale commission, dont il était digne sous tous les rapports, d'être l'organe, serait parvenu indubitablement à faire frapper, d'une paralysie totale dans son berceau, la Constitution naissante, & à nous replonger dans les horreurs d'un nouveau gouvernement révolutionnaire, si la sagesse & la prudence des assemblées électorales n'avaient fourni aux membres de la convention restés purs, des armes victorieuses pour en faire rejetter l'exécrable proposition. (4)

---

(4) On a dit à la tribune de la Convention, on a répété dans tous les journaux payés par le gouvernement, jusqu'à la satiété, que toutes les assemblées électorales étaient composées de Chouans : qu'on jette les yeux sur la liste

Les doubles emplois n'ayant pu s'éviter entre tant d'assemblées qui ne se communiquaient pas, & qui ayant presque toutes le même esprit & les mêmes intentions, par l'effet de l'opinion générale & unanime de la France entière, ont fait presque toutes les mêmes choix, il est resté aux membres réélus de la convention, formés à leur tour en corps électoral une marge assez large, pour pouvoir introduire dans le corps législatif, une grande partie de ceux qui en avaient été rejettés par les véritables Electeurs, & la législature qui règle aujourd'hui les destinées de la France, a été formée d'élémens discors & hétérogènes, par le mode d'élection le plus bizarre, le plus ridicule, le plus monstrueux & le moins libre qui ait jamais été imaginé, par quelque peuple que ce soit. Il n'a sans doute, échappé à personne qu'aucun conventionnel, à quelques exceptions près, n'a été réélu dans son département, ce qui donne la preuve la moins équivoque que le très-grand nombre avait perdu la confiance publique.

Quoique la convention prête d'expirer, vît par-tout

---

du nouveau tiers qu'elles ont élu librement, & qu'elles ont pu choisir sur la généralité de tous les Français; ce sont tous d'anciens membres de l'assemblé constituante ou de la législative qui lui a succédé, qui ont eu le bonheur d'échapper au fer des tyrans; ce sont d'anciens administrateurs, juges ou fonctionnaires publics, qui n'ont cessé de donner des preuves de leur patriotismes pur & éclairé, & qui ont souffert pour l'amour de la liberté. Des Chouans auroient-ils donc choisi les Pères de la révolution, & ceux qui peuvent encore la faire aimer par leur sagesse, leur prudence, leur désintéressement & leur modération?

les Corps électoraux ſourds aux inſtructions de leurs commettants, & dociles à ſes volontés ſe conformer littéralement aux diſpoſitions des décrets des 5 & 13 Fructidor, portant que le nouveau corps légiſlatif, renfermerait, ſelon ſes deſirs, deux tiers de ſes membres, qui le domineraient infailliblement, tant par le nombre, que par une tactique acquiſe par trois années d'expériences & de manœuvres, néanmoins le ſentiment de ſa faibleſſe & de la nullité de ſes talens, & la crainte qui rarement abandonne des délégués reſponſables & prévaricateurs, lui firent redouter de lutter avec déſavantage, quoiqu'aguerrie & en nombre double, contre le nouveau tiers qui l'effrayait par ſes talens & par ſes vertus : pour ſe raſſurer entièrement & mettre la ſécurité hors de toute atteinte, elle rendit la trop fameuſe loi du 3 Brumaire, afin d'écarter un grand nombre des nouveaux élus, loi dérogatoire à la conſtitution, qui la choque & la contrarie; loi qui ſi elle ne la frappe pas d'une mort entière, l'altère dans ſes principes vitaux; loi enfin qui ne pouvait avoir de force & être régardée comme telle, qu'en vertu du même conſentement, qui a validé la conſtitution elle-même, & qui viciera tous les actes du corps légiſlatif, auſſi long-temps qu'elle ne ſera pas révoquée, ou qu'elle ne ſera pas conſacrée par la ſanction du peuple. Après avoir ainſi aſſuré ſon impunité, elle légaliſa celle de tous ſes agens : une forte potion d'amniſtie, fut adminiſtrée à tous les ſpoliateurs de la fortune publique, à tous les briſe-ſcellés, aux fourniſſeurs des tribunaux révolutionnaires, aux incendiaires, ux assassins & eux buveurs de sang, tandis qu'on edoublait les chaînes qui enlaçaient de nouveau leurs alheureuses victimes, afin qu'ils pussent plus faciment renouer leurs trâmes, réorganiser le brigange, & rétablir l'empire de la destruction & de la ort, la convention rendit ce dernier décret avec n dernier soupir, puis s'étaignit & s'ensevelit dans exécration publique.

La nouvelle législature est instalée, divisée en deux onseils : ce n'est plus le même nom, la même forme, ais c'est toujours le même esprit qui survit & doine. La première opération signale le despotisme es conventionnels Dans l'organisation du Directoire écutif, le conseil des 500, par la collusion la plus andaleuse & la moins cachée, présente dans une ste d'individus obscurs, ignorés & étonnés eux-mêmes y figurer, cinq anciens membres de la convention, rec une telle majorité de suffrages, & dans un tel olement de concurrents, que force est au conseil es anciens de les nommer. Toutes les listes de scrutin ressemblent; dans toutes, les mêmes individus, ans le même ordre & avec un nombre égal de voix. *arras* est un des cinq élus, quoiqu'exclus de toute nction publique par la loi du 3 Brumaire, comme ère d'émigré; quoique plus légitimement exclus de magistrature dictatoriale, comme n'ayant pas l'âge ue la constitution exige pour pouvoir y être élevé; ais *Barras* avait médité, dirigé & présidé la bouerie du 13 Vendémiaire; & le gouvernail de l'état e pouvait alors être mieux confié qu'à des mains ncore fumantes du sang du peuple. C'est donc ainsi que la puiſſance légiſlative a été conquiſe & envahi que le pouvoir exécutif a été formé, que la liber publique a péri, & que la tyrannie s'eſt conſomm

La France eſt de nouveau traînée dans la fange l'ignominie, courbée ſous un joug oppreſſeur & proie à tous les fléaux poſſibles. La conſtitution chaque jour impunément violée & outragée, ſa retenue & ſans pudeur, par ceux mêmes qui doivent tout ce qu'ils ſont. Le Directoire exécu ſe jette en aveugle dans les bras des jacobins, tous les conventionels non réélus, & de tous ſuppôts de l'ancienne tyrannie; il ne voit, il n'exéc que par eux, il les élève aux places les plus imp tantes. Tous les magiſtrats élus par le peuple ſo par-tout deſtitués ſous les plus vains prétextes, remplacés par ceux que ce même peuple a écartés fonctions publiques, comme des prévaricateurs ont abuſé de ſa confiance, qui ſe ſont gorgés rapines & couverts de ſang. Toutes les adminiſtrati ſont infectées de commiſſaires choiſis parmi tout qu'il y a de plus taré dans l'opinion publique, uniquement chargés de veiller à l'exécution des lo & d'en rappeller l'eſprit aux adminiſtrateurs qui s écartent, ajoutent eux-mêmes aux loix, affichent deſpotiſme le plus inſolent, compriment tous ſentimens, s'emparent de toutes les délibératio les dictent avec arrogance, & menacent de fa deſtituer & empriſonner ceux qui veulent les conte dans les bornes de leur autorité. De nouve proconſuls, cumulant tous les pouvoirs, ſont délég dans les départemens; des *Reverchon*, des *Fré* (on ne peut citer des noms plus méprisés & plus méprisables) parcourent le midi en vainqueurs, semant l'épouvante & l'effroi dans tous les lieux de leur passage, faisant plier la constitution à leurs caprices, destituant, incarcérant, proscrivant les meilleurs citoyens, & mettant à leur place les plus infames scélérats.

Le pouvoir judiciaire, qui dans tout état bien constitué ne doit pas seulement être indépendant des autres pouvoirs, mais leur être pour ainsi dire extérieur, afin qu'il puisse les balancer, les reprimer, & mettre la vie & la fortune des citoyens à l'abri de leurs coups & à couvert de leurs invasions, est entiérement livré au pouvoir exécutif, substitué aux droits du peuple, qui par la constitution devait seul choisir & nommer ses magistrats.

Après trois années de vandalisme, où l'ignorance armée du pouvoir avait tenté de tout réduire à son niveau; où les hommes les plus célèbres par leur génie, leurs talens & leurs profondes connaissances proscrits par nos vils tyrans, arrosaient l'échafaud de leur sang précieux, ou languissaient dans des cachots obscurs en attendant la mort, ou erraient de cavernes en cavernes pour se soustraire à leur fureur, un institut national est enfin formé pour céder au vœu de la nation, qui demandait à grands cris le rappel des arts & des sciences exilés, & le rétablissement de ces sociétés fameuses qui les avaient cultivés avec tant de succès & tant de gloire. La république des lettres est donc restituée, mais c'est à l'instar du corps politique. Les persécuteurs y prennnent le poſte des perſécutés. Un *Lakanal*, un *Chenier* & un *Syes*, l'ordure & l'ignominie de la littérature françaiſe, ſiégent avec inſolence là, où la voix & la reconnaiſſance publique appellaient ceux qui en ſont l'ornement & la gloire, les *la Harpe*, les *Delille*, les *Morellet*, les *Suard*, &c. Tous ces illuſtres proſcrits & multitude de gens de lettres eſtimables ſe voient non ſeulement privés de la récompenſe due à leurs talens & à leurs veilles, mais à peine ſortis de leurs priſons & de leurs retraites, ils ſont en butte à une nouvelle perſécution. Relancés dans leurs domiciles, traînés de tribunaux en tribunaux, toujours acquittés & toujours remis en jugement, expoſés à la plus affreuſe misère, ils promènent preſque tous encore leur tête proſcrite dans des antres & des ſouterreins.

Au ſein du corps légiſlatif s'élève une commiſſion inquiſitoriale & permanente, pour effrayer & comprimer les membres du nouveau tiers, ſous le prétexte de la vérification de leurs pouvoirs; des intrus, des uſurpateurs oſent prononcer ſur la validité de l'élection des ſeuls repréſentans légitimes, & les chaſſer à leur gré du poſte où les a placés la confiance publique.

Un miniſtère de la police eſt créé, il eſt confié à l'auteur de la fatale loi des ſuſpects, au fabricateur de cette arme terrible qui a enfanté la tyrannie, & qui l'a ſoutenue pendant ſi long-temps ſur des monceaux de cadavres. Le nouvel inquiſiteur s'entoure auſſi-tôt de tous les membres & de tous les limiers de l'ancien comité de ruine générale, avec leſquels il vexe & torture les citoyens les plus paiſibles & les plus recommandables, tandis qu'il laiſſe ourdir dans le ſilence la plus odieuſe conjuration, qui, s'il était reſté huit jours de plus en place, n'eût fait de la France qu'un vaſte cimetière; & cet homme que la voix publique accuſe ou de complicité ou de négligence, préſide encore le département de la juſtice & dirige le glaive de Thémis!

Des proſcriptions en maſſe ſont décrétées comme aux plus beaux jours des *Collot*, des *Roberſpierre*: la conſtitution établit & conſacre la tolérance religieuſe & la liberté des cultes, & tous les miniſtres catholiques ſont condamnés au baniſſement & à la recluſion. La conſtitution ſouſtrait les enfans à l'autorité paternelle, & tous les pères, meres, ayeuls, ayeules, ſont déclarés reſponſables de l'émigration de leurs fils & petits-fils, qu'ils n'avaient ni le droit ni le moyen d'empêcher. Un décret horrible, qui met un prix à la cruauté même, & qui la récompenſe, ouvre, avant la mort, leurs ſucceſſions au profit de la nation, qui ſubſtituée aux droits de leurs futurs héritiers, partage dès-à-préſent leurs dépouilles, & les chaſſe ſans pitié de la maiſon qui les a vu naître, ou que leurs mains ont relevée; du champ qu'ils ont défriché ou acquis, & qui leur procurait la ſubſiſtance: à peine leur reſtera-t-il un pain d'amertume & de douleur, pour les ſoutenir dans leur vieilleſſe délaiſſée.

Des plans de finance mal combinés, ſe détruiſent les uns les autres, baniſſent toute confiance, autoriſent la mauvaiſe foi, légaliſent le vol, jettent la confuſion & le déſordre dans toutes les fortunes privées, &

achevent de tarir ces ſources vives de la fortune publique. Des emprunts forcés pèſent uniquement ſur les citoyens ſoumis aux loix & encore attachés à la choſe publique ; ſur les propriétaires ruinés, ſur les rentiers déguenillés & mourants de faim, tandis que l'égoïſme, l'avarice, le luxe & l'agiotage s'y ſouſtraient, en calculant que de pareilles contributions ne peuvent être exigées que de la bienvaillance, & que la confiſcation n'a jamais pu être exécutée pour parvenir à l'acquittement d'un impôt immoral & trop onéreux. Tous les bons citoyens ſont donc preſſurés, ſans que le tréſor public en ſoit plus riche, & que l'état ſoit ſoulagé. Enfin toutes les déprédations, toutes les erreurs, tous les brigandages, tous les crimes, à l'échafaud près, & l'affreux beſoin, qui ont fait la honte & le malheur de la France ſous le règne de la convention, n'ont fait que reparaître dans une plus grande latitude & une plus forte énergie ſous le régime nouveau. Elles ſe ſont évanouies les eſpérances dont s'étaient bercés ceux qui avaient eu la bonté de croire que la convention nationale n'avait voulu s'aſſurer la majorité dans le nouveau corps légiſlatif, en y jettant par ſurpriſes & par force les deux tiers de ſes membres, que pour réparer ſes torts, faire oublier ſes fautes & ſes crimes, & ſe réhabiliter dans l'eſtime publique, en procurant le bonheur du peuple. La France victorieuſe au dehors, mais auſſi malheureuſe au dedans que les peuples vaincus, affaiblie par ſes propres triomphes, accablée & tyranniſée par ceux qui la gouvernent, n'offre plus que le ſpectacle dégoûtant d'un corps cadavéreux tombant en diſſolution, écraſant encore tout ce qui l'approche & lui résiste, dans les mouvements convulsifs de son agonie. C'est Rome déchirée dans ses murs par des tumultes populaires & les factions, mais toujours plus terrible aux Rois dont elle avait conjuré la perte, achevant la conquête du monde, alors qu'elle expirait elle-même & qu'elle tombait enchaînée aux pieds d'un tyran.

Voilà donc où devait aboutir cette révolution qui devait nous rendre si heureux & si florissants, qui devait appeller tous les hommes au partage d'un bien jusqu'alors ignoré & méconnu, & qui devait ramener sur la terre Astrée depuis si long-temps fugitive? Voilà donc où devait aboutir cette révolution qui a bouleversé toutes les fortunes, confondu tous les rangs, englouti tant de trésors, fait verser tant de sang, allumé une guerre si meurtrière & si désastreuse & qui a ébranlé l'Europe jusques dans ses fondements! Quoi cette nation française si vaillante, si fière, si superbe, & capable de si grandes choses sous le sceptre même des Rois, qu'elle brille dans l'histoire, sans en être éclipsée, à côté des peuples les plus célèbres par leur génie, leur vertu, leurs institutions, leurs découvertes, & leurs monuments, n'a donc renversé l'antique édifice de son gouvernement, que pour ramper, appauvrie & dégradée, aux pieds des plus obscurs & des plus plats tyrans? Elle n'a donc resaisi la plénitude de sa liberté, que pour laisser tomber sa puissance dans les mains de ses citoyens les plus vils & les plus méprisables?

Tremblez, ô vous, qui n'êtes pas nos Rois, qui ne siégez plus d'après les principes par lesquels nous vous avions élus; qui contre le texte formel de la constitution que vous avez faite & que nous avons acceptée, avez interverti le mode des élections & attenté à leur liberté, qui vous êtes maintenus dans votre poste à force de violence, contre notre volonté bien prononcée ! quelqu'élevé que soit le rang que vous avez usurpé, quelque nombreuse que soit la garde qui veille à votre sûreté, craignez l'instant du réveil & l'heure de la vengeance : le crime n'est pas toujours heureux, & son triomphe ne sert souvent qu'à rendre son châtiment plus éclatant. Jettez & fixez les yeux autour de vous, regardez les ruines qui vous environnent, & que vous foulez aux pieds; ce sont celles d'un trône qui s'appuyait sur une possession de 14 siècles, sur lequel se sont assis des princes qui ont rarement séparé leur gloire du bonheur de la nation; ce sont les débris d'un trône où ont souvent brillé toutes les vertus qui font les héros, les grands Rois & les bienfaiteurs de l'humanité, dont l'éclat n'est pas même obscurci par les foiblesses, les vices & les crimes de quelques-uns de ceux qui l'ont occupé, parce que les fastes du monde n'en offrent pas un second, qui dans le cours de tant de siècles, & dans une aussi longue filiation de Rois, ait montré moins de tyrans & plus de meilleurs princes : ce sont les ruines d'un trône, à l'ombre duquel la France heureuse & florissante jouissait de toutes les douceurs que les talens répandent dans la société, & de la gloire qui leur est attachée. L'agriculture encouragée, ainsi que les arts qui manufacturaient ses productions, alimentaient un commerce actif, qui répandait l'aisance & l'abondance dans toutes les classes de sa nombreuse population : une liberté aussi étendue que pouvait le comporter l'autorité d'un monarque, entretenait une élévation d'ame, une générosité de sentiment, une fierté de caractère, une noble émulation & un esprit national qui distinguaient les François de tous ces peuples abrutis, bassement courbés sous le joug d'un seul maître : enfin ce sont les débris d'un trône sous la protection & l'encouragement duquel ont été ouvertes ces routes spacieuses, ont été creusés ces canaux de navigation, ont été jetés ces ponts magnifiques, ont été bâties ces forteresses impénétrables, ont été construits ces ports & ces bassins, ont été fondés ces établissemens de charité publique, ont été dotées ces maisons d'éducation & ont été élevés tous ces monuments qui seront à jamais le sceau éternel de la véritable gloire de la France. Des abus de pouvoir, des coups d'autorité, des dépenses immodérées ont suffi néanmoins pour le rendre odieux, pour le renverser & le réduire en poudre; il a tombé avec fracas au seul bruit du canon : & vous vous croiriez inexpugnables dans le poste que vous occupez sur ces décombres, vous qui n'êtes que d'hier, & dont la puissance ne s'est signalée que par vos forfaits & notre misère ?

Le sang des meilleurs citoyens a coulé sur les échafauds, des générations entières sont détruites, toutes nos richesses sont dissipées, toutes nos ressources taries; l'industrie découragée s'est éteinte, le commerce entravé a péri; le produit de notre sol, de nos manufactures représenté par des chiffons, fait mourir de faim le propriétaire, le rentier & l'artisan;

les arts & les ſciences s'enfuient de la France déſolée ; nos monumens publics couvrent de leurs débris cette terre enſanglantée ; les maiſons d'éducation ſont ſans maîtres & ſans élèves ; le patrimoine des hôpitaux eſt vendu ; l'irréligion, l'athéiſme ont tout démoraliſé ; le caractère national eſt altéré ; l'inquiétude, le ſouci, la défiance, la haine, la fureur remplacent cette affabilité ſincère, cette douceur de mœurs, cette gaité franche, cette légéreté aimable, cette bienveillance réciproque, cette politeſſe aiſée qui nous diſtinguaient de tous les autres peuples ; la diſcorde nous déchire, la guerre nous épuiſe & la misère nous dévore.

S'il eſt mort par la main du bourreau, ce Prince, le ſucceſſeur de 66 Rois, qui a préféré deſcendre du trône de ſes pères & ſe jetter dans vos bras, avec ſa famille éplorée, plutôt que de faire couler le ſang des factieux qui l'aſſiégaient dans ſon palais, contre toutes les loix alors en vigueur, & que ſes gardes fidèles auraient exterminés ſans grands efforts, ſi ſa retraite dans votre ſein & ſes ordres précis n'avaient enchaîné leur courage & déſarmé leurs bras ; s'il eſt mort du dernier ſupplice, ce Roi d'autant moins coupable à vos yeux, qu'il s'eſt ſoumis en aveugle à tous les ſacrifices que vous lui avez commandés, qui n'a pas voulu conſerver ſa couronne au prix d'une ſeule goute de ſang, qui eſt venu la dépoſer à vos pieds, ſans l'avoir laiſſé défendre ; qu'elle peut donc être votre confiance & votre ſécurité, vous qui êtes couverts de ſon ſang & de ſes dépouilles, vous que l'opinion de la France indignée dénonce hautement omme les auteurs de toutes les calamités qu'elle a prouvées, & qu'elle éprouve encore; vous qui 'aguères dans la fange, & aujourd'hui dans la blendeur, insultez à la misère publique par une ortune scandaleuse & un luxe insolent; vous qui vez un compte si terrible à rendre de nos finances issipées, de nos ressources desséchées, de notre ffreuse détresse, de notre sang prodigué & d'une ussi longue oppression, vous enfin bien autrement oupables que lui, & qui à l'expiration de vos pouvoirs, k au moment de rentrer dans la classe obscure d'où ous étiez sortis, avez employé l'intrigue, la menace, a corruption & la violence, pour vous perpétuer dans e rang suprême, contre la volonté expresse de la grande majorité de la nation, dont vous avez étouffé a voix par votre artillerie foudroyante, & qui avez osé tourner contre le peuple ces canons, dont un Roi illégalement attaqué aurait rougi de faire usage pour sa défense légitime? il fume encore le sang de nos pères, de nos frères, de nos époux & de nos enfans, que vous avez versé pour cimenter votre usurpation; il crie vengeance, il vous accuse, & vous seriez tranquiles? Les bêtes féroces que vous avez démuselées, les brigands que vous avez apellés à votre secours, qui vous ont aidé dans cette honteuse victoire, & qui formaient votre garde, ont été les premiers à conspirer contre vous : cette horrible conjuration, dont vous deviez être les premières victimes, qui devait relever les échafauds de la tyrannie, & faire planer la mort d'un bout à l'autre de la France, dont vous n'osez découvrir

& nommer tous les auteurs, dont vous n'ofez fond toutes les ramifications, juftifie pleinement les alla mes de Paris en vendémiaire, & l'indignation qu' fit éclater, en voyant les terroriftes déchaînés i réarmés par vos ordres. Voilà les complots, qu' voulait prévenir, les voilà juftifiées fes juftes crainte que vous avez travefties en mouvemens contre révolutionnaires.

Placés aujourd'hui entre le fer des fcélérats, qu vous ont maintenus dans votre pofte, & l'indignatio des gens de bien toujours & partout en majorité qui ne voulaient plus de vous pour les repréfenter ceffez de vous étourdir & de vous aveugler fu l'horreur de votre pofition, ceffez de croire qu la violence puiffe long-temps vous foutenir contr le poignard des uns & la volonté des autres. Cependan il vous refte encore le tems & le moyen d'échappe au danger qui vous menace. Faites tout ce que l nation attendait de ceux qu'elle voulait mettre votre place. Ralliez-vous à ce tiers de vos collégue que vous avez jufqu'à préfent abbreuvés de dégoût. & d'amertumes; ralliez-vous par eux à la majorité nationale, dont ils connoiffent le vœu & dont il ont la confiance. Abjurez vos erreurs, rapportez toutes ces loix injuftes & barbares, fi ouvertement réprouvées par l'opinion publique, faites difparaître cette loi défaftreufe du 3 brumaire fi contraire à la conftitution, pour laquelle vous deviez vous-mêmes les premiers donner l'exemple du plus inviolable refpect. Démafquez tous les confpirateurs quelqu'ils foient & par-tout où ils fe trouvent, livrez les au glaive de la juftice, fin que leur châtiment fasse perdre le criminel espoir de renouer jamais leurs sinistres complots. Brisez les fers de tous ces honorables proscrits, que les tribunaux acquittent par-tout, & que vous vous obstinez envain de traiter en coupables, tandis que l'opinion publique ne les regardent que comme des victimes généreuses, qui souffrent pour la cause de la liberté. Sondez toutes les plaies de l'état, appliquez leur le seul remède, qui puisse les cicatriser & les guérir. Renoncez à tous ces systêmes destructeurs de finances, qui ne font que creuser de plus en plus l'abîme & aggraver le poids de la misère publique, dont vous savez si bien vous mettre à l'abri en attachant à vos chiffons toute leur valeur nominale quand vous les donnez, & presqu'aucune quand vous les recevez. Jettez au moins un œil de compassion & de pitié sur ces malheureux rentiers, en proie depuis si long-tems aux horreurs des besoins les plus urgents, qui consument dans les besoins d'un jour les revenus d'une année, & qui vivant depuis plus de deux ans de leur mobilier maintenant épuisé n'ont plus aucune ressource pour soutenir leur pénible existence. Distinguez les véritables créanciers de l'état d'avec ceux, qui profitant de sa détresse ont acquis avec les sommes les plus modiques des créances énormes sur le grand livre de la dette publique. Faites donc regorger tous ces acquéreurs de domaines nationaux, qui ont eux-mêmes discrédité le signe qui les représentait pour les avoir au plus vilprix; qui, engraissés des malheurs publics, nagent au sein de l'abondance lorsque tout le monde souffre, & qui, sans fortune avant la révolution étalent au milieu de la misère commun l'insolence de nouveaux parvenus. Ne craignez pa d'être justes envers eux avec sévérité, aprés avoi dépouillé tant de légitimes propriétaires & laiss mourir de faim tant de rentiers avec impunité. N laissez pas croire plus long-tems que le grand nombr d'acquéreurs d'inscriptions & de domaines nationau qui sont au milieu de vous, est le plus grand obstacl à la restauration des finances, à la fin de nos maux, & qu'une considération aussi douteuse puisse contre-balancer les puissans motifs de l'intérêt public. Faites la Paix; songez que la guerre, quelque glorieuse qu'elle soit, est toujours un fléau; que le peuple paye, souffre, s'use & s'épuise dans la prospérité des armes, comme dans l'adversité; que la victoire devient à la longue aussi funeste aux vainqueurs qu'aux vaincus: ne réduisez pas au désespoir la foule de vos ennemis: n'allarmez pas nos voisins & nos alliés en ne mettant aucune borne à votre ambition & à vos espérances & à vos ressentimens.

Enfin devenez sages, justes, prudens, modérés & avares de sang; & tout peut être encore pardonné. Le temps éteint la haine; l'espérance chasse la vengeance; un moment de bonheur chasse des années de malheur. Les Français sont généreux: nul peuple ne murmure plus haut & n'oublie plus vîte. Ces bras qui se sont armés en Prairial pour vous défendre contre ceux qui veulent encore vous assassiner aujourd'hui, quoiqu'alors meurtris de l'empreinte des fers de la tyrannie que vous aviez établie ou laissé établir, s'armeront encore pour vous, si rompant tout pacte avec le crime, ils n'ont plus à craindre le rétablissement de son empire, & si vous levez tous les doutes & dissipez tous les nuages sur la pureté de vos intentions; la crainte est plus épouvantable que la vengeance, & si vous parvenez à la détruire entièrement, il n'y aura pas de réaction. Telle est encore la destinée qui vous attend : ne laissez pas échapper cette occasion, la dernière peut-être qui s'offrira désormais pour faire tout oublier & pardonner & mériter la confiance de vos concitoyens.

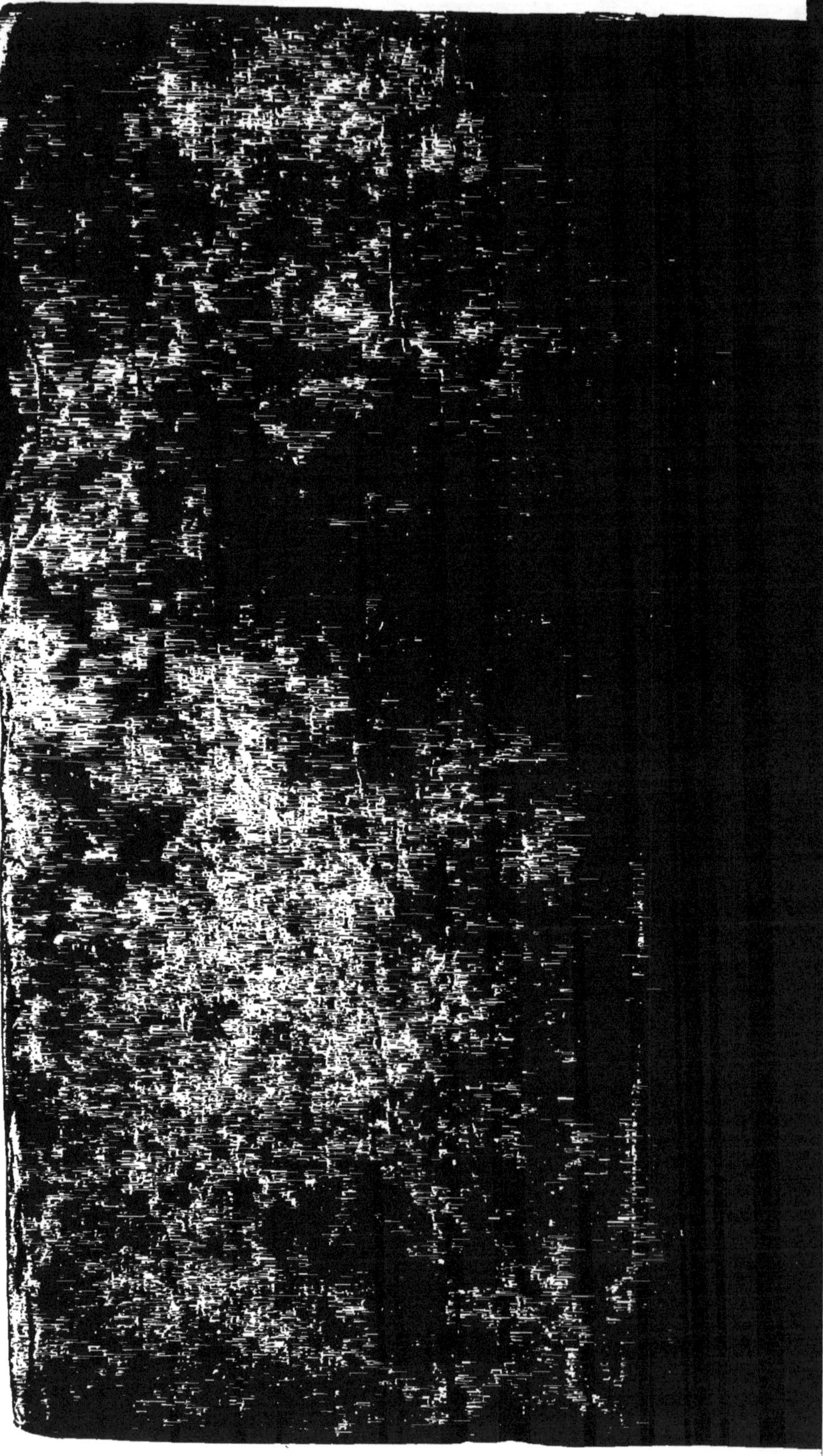

www.ingramcontent.com/pod-product-compliance
Ingram Content Group UK Ltd.
Pitfield, Milton Keynes, MK11 3LW, UK
UKHW020501230726
13925UKWH00005B/2066